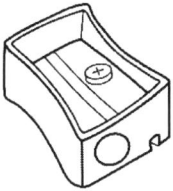

# Verbos

## Nivel 1

### para niños pequeños

## Español - Japonés Bilingüe

**Leer**

読む

*yomu*

**Ganar**

勝つ

*katsu*

**Lavar**

考える

*kan'gaeru*

**Buscar**

探索する

*tansaku suru*

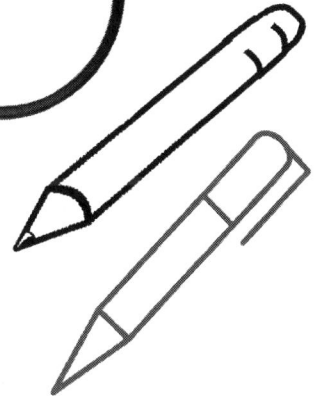

# Leer

# 読む

yomu

# Jugar

遊ぶ

Asobu

# Conducir

# 運転する

unten suru

# Llamar

# でんわします

Denwa shimasu

# Ganar

勝つ

katsu

# Lavar

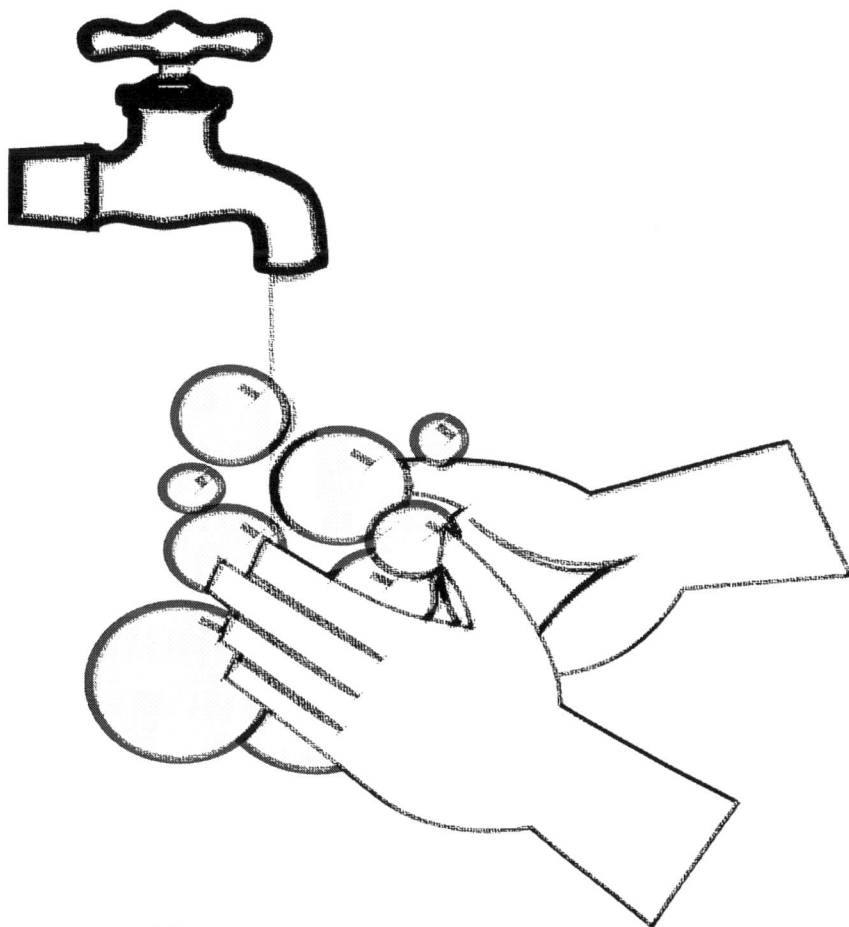

# 考える

kan'gaeru

# Deslizar

suberu

# Buscar

# 探索する

tansaku suru

# Comprar

かいます

Kaimasu

# Ayudar

## 描寸

**osu**

# Encender

# 点ける

tsukeru

# Detener

# 止まる

tomaru

# Rompere

# 壊れる

kowareru

# Aceptar

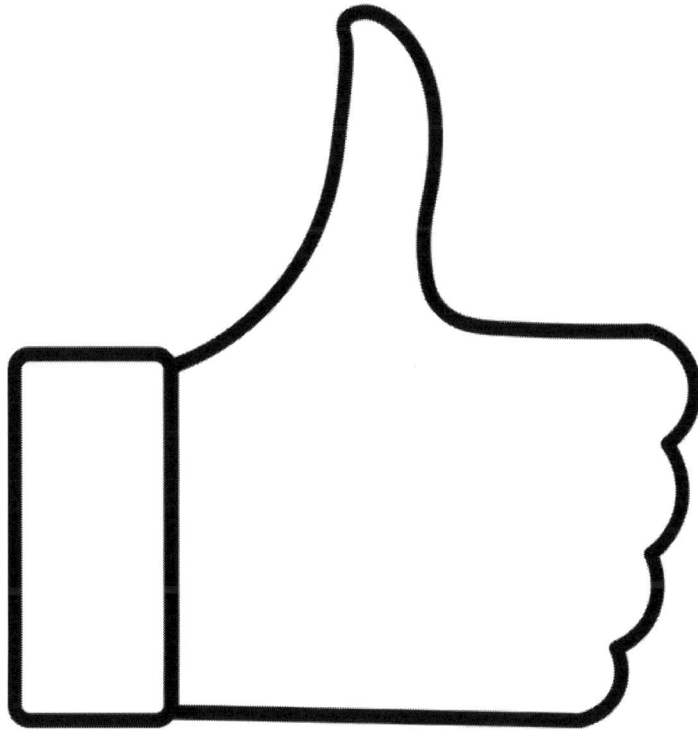

応じる

oujiru

# Elegir

# 選択する

sentaku suru

# Contar

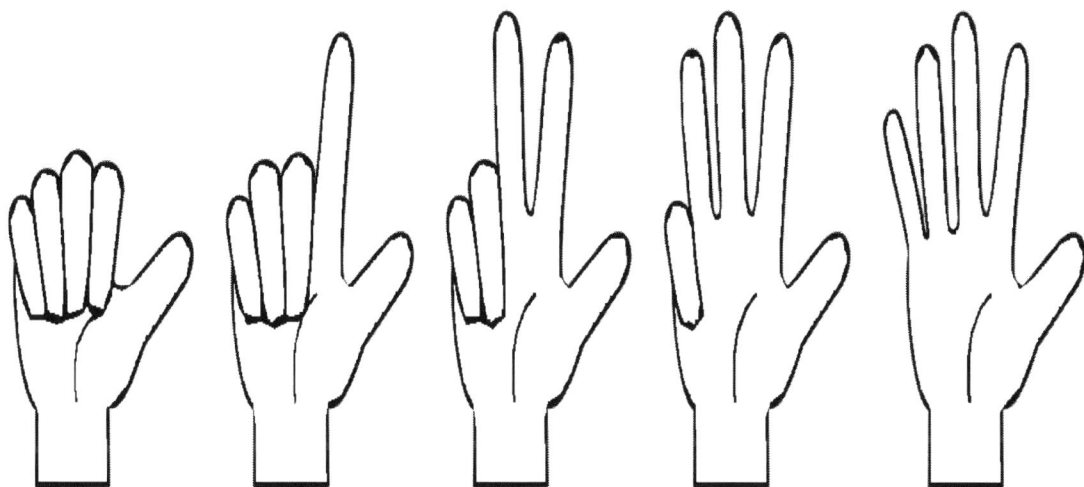

kazoeru

# Cortar

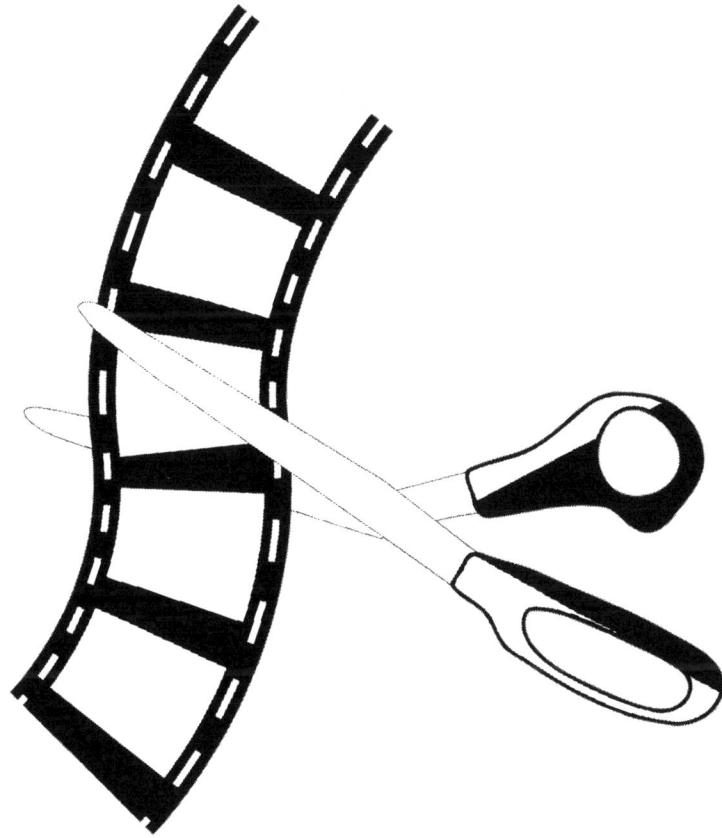

# 切る

kiru

# Correr

# はしります

Hashirimasu

# Nadar

# 泳ぐ

oyogu

# Dar

ataeru

# Dormir

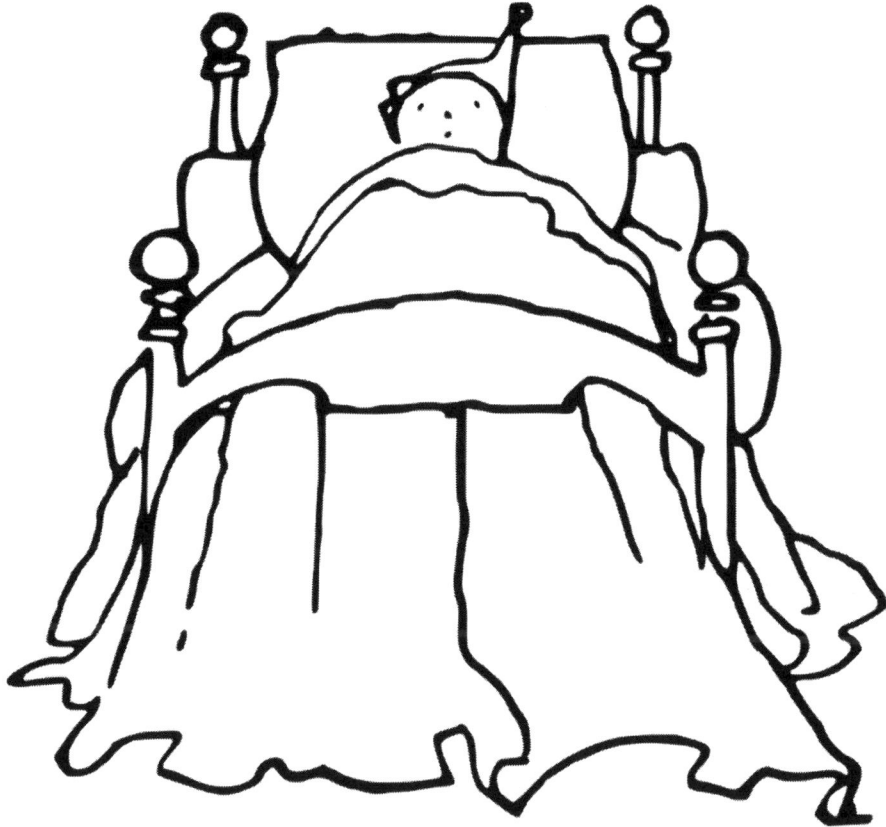

# 眠る

nemuru

# Escuchar

# 聞く

kiku

# Escribir

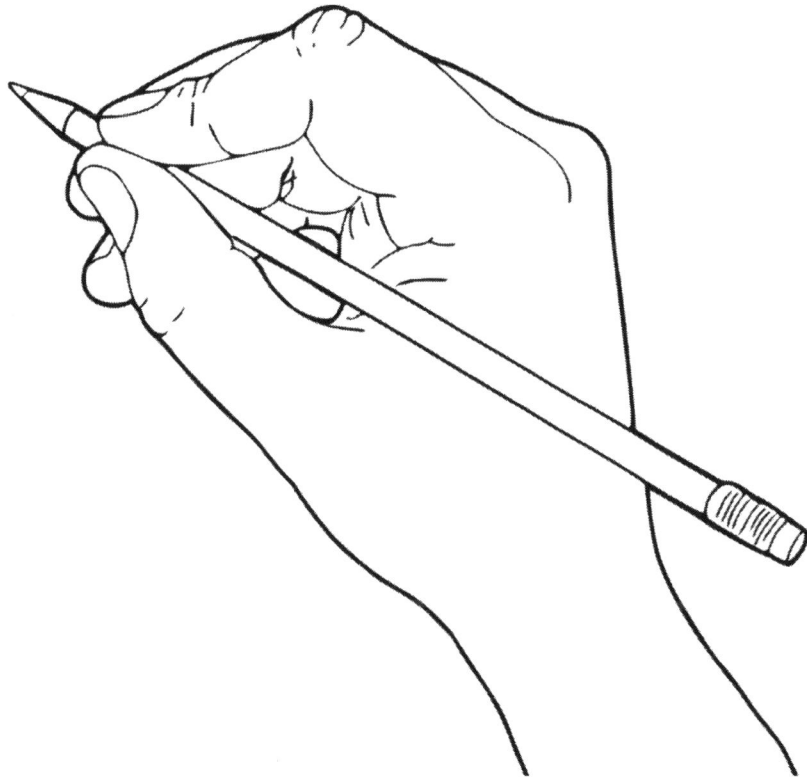

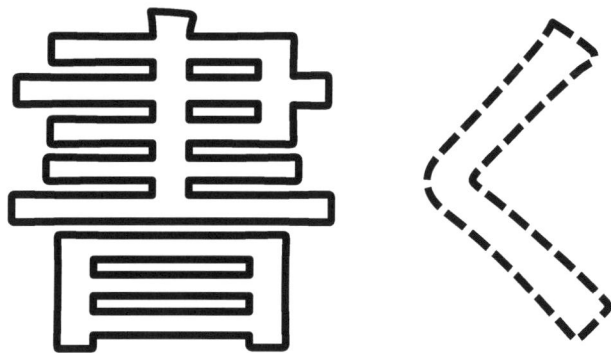

kaku

# Enviar

# 送る

okuru

# Llevar

# 着る

kiru

# Reunir

# 集める

atsumeru

# Tirar

# 投げる

nageru

# Limpiar

クリーン

# Caminar

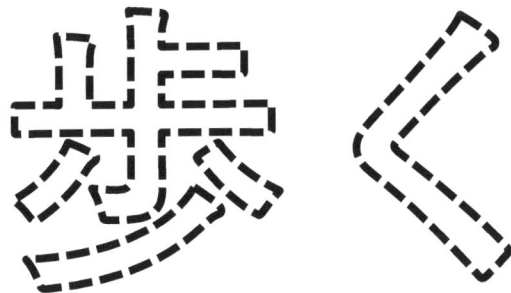

aruku

# Llegar

到着する

tōchaku suru

# Mostrar

みせます

Misemasu

# Explicar

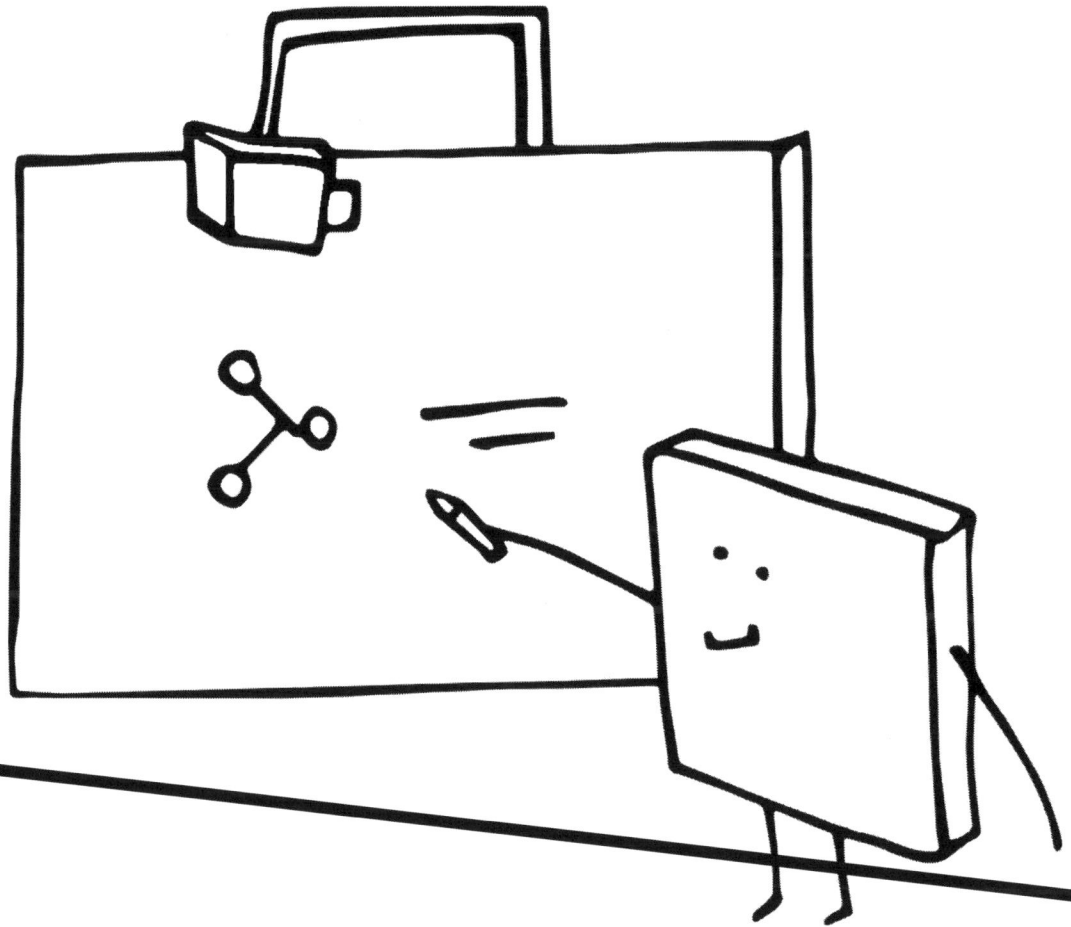

# せつめいします

Setsumei shimasu

# Hablar

話す

hanasu

# Pagar

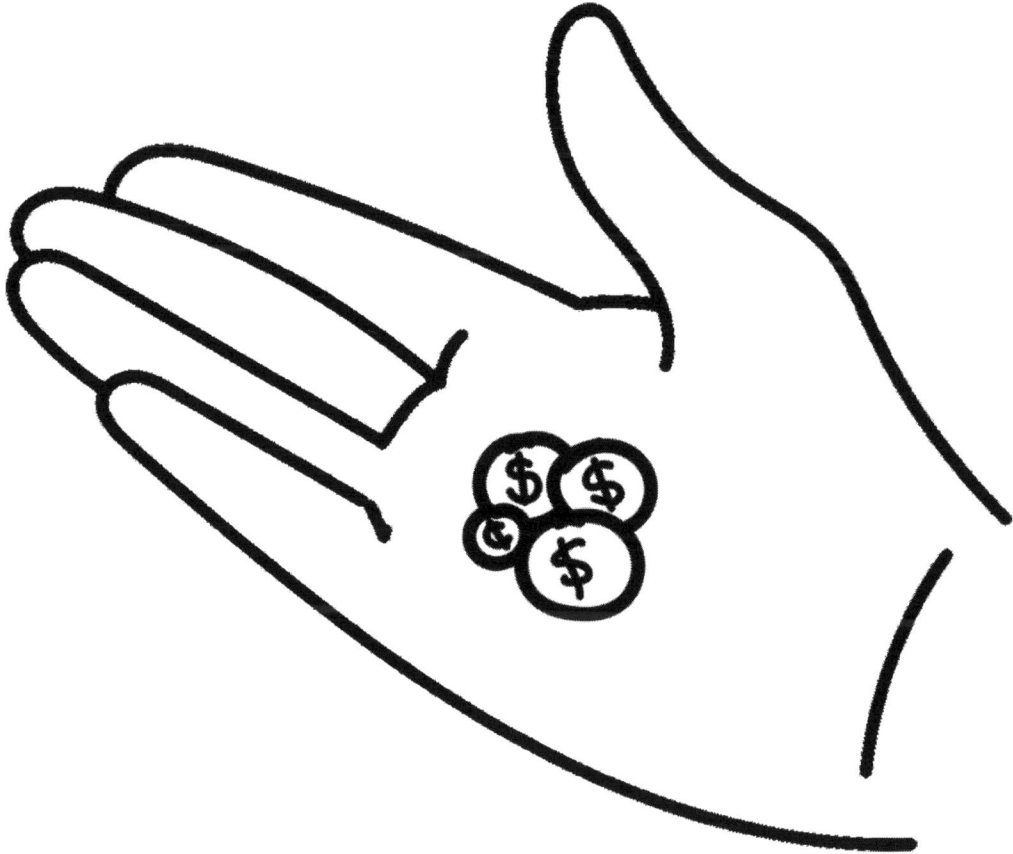

# 払う

harau

# Comer

食べる

taberu